# 돋아라, 싹

박주영 디카시집

도서출판 실천

## 돋아라, 싹
한국디카시학 시인선 010

초판 2쇄 인쇄 | 2025년 8월 25일
초판 1쇄 인쇄 | 2021년 9월 1일
초판 1쇄 발행 | 2021년 9월 5일

지 은 이 | 박주영
발 행 인 | 이어산
기획·제작 | 이어산
발 행 처 | 도서출판 실천
등 록 번 호 | 서울 종로 바00196호     등 록 일 자 | 2018년 7월 13일
            | 진주 제2021-000009호              | 2021년 3월 19일
서울사무실 | 서울특별시 종로구 율곡로 6길 36
            02)766-4580, 010-6687-4580
본사사무실 | 경남 진주시 동부로 169번길 12 윙스타워지식산업센터 A동 705호
            | 055)763-2245, 010-3945-2245 팩스 055)762-0124
편집·인쇄 | 도서출판 실천
편 집 장 | 김성진


ISBN 979-11-974925-5-6
값 12,000원

* 이 책은 전부 또는 일부 내용을 재사용하려면 저작권자와 '도서출판 실천'의
  동의를 받아야 합니다.
* 이 도서는 국립중앙도서관 출판예정도서목록(CIP)은 서지정보유통지원
  시스템(http://seoji.nl.go.kr)과 국가자료종합목록시스템(http://
  www.nl.go.kr/kolisnet)에서 이용하실 수 있습니다.
* 잘못된 책은 교환해 드립니다.

# 돋아라, 싹

박주영 디카시집

## ■ 시인의 말

존재하는 것에는
의미가 있다

그 의미를
부여하는 것은
각자의 몫이다

그들을 렌즈로 담고
그들의 말을 세상에
전하고 싶다

2021년 가을
박주영

■ 차례

**1부 마디 없는 생이 있으랴**

돋아라, 싹 – 12
하루를 견디는 힘 – 14
4월 – 16
그날 – 18
아직, 꽃 – 20
외로운 자리 – 22
광대싸리 – 24
포스트 코로나 시대 – 26
마디 없는 생이 있으랴 – 28
통증 – 30
노송老松 – 32
성장 일기 – 34
어머니 – 36

## 2부 꽃처럼 살기

복수초 – 40
꽃의 세상 – 42
사회적 거리두기 2.5단계 – 44
청노루귀 – 46
지금, 최고의 순간 – 48
모란의 계절 – 50
등燈 – 52
꽃처럼 살기 –54
생과 사 – 56
공생 – 58
DNA – 60
詩의 말 – 62
그곳에 한 사람의 꿈이 있었네 – 64

## 3부 마음 읽기

너의 편지 – 68
물로 지은 집 – 70
불국정토 – 72
탄생 – 74
마음 읽기 – 76
인생 – 78
춤추는 강아지 – 80
내 삶의 층계는 어디쯤일까 – 82
포토존 – 84
돌을 얹는 마음 – 86
늦가을 – 88
너와의 만남 – 90
바다의 자궁 – 92

## 4부 행복論

비상 – 96
산다는 것 – 98
육십갑자 – 100
숟가락 경전 – 102
線의 사용학 – 104
행복論 – 106
아름다운 그늘 – 108
홍등 – 110
관계를 위하여 – 112
비경祕境 – 114
평행이론 – 116
독백 – 118
피뢰침 – 120


《뉴스N제주》신춘문예 디카시 부문 당선작 – 122
신춘문예 당선 소감 – 123
신춘문예 심사평 – 126
시집해설 – 128

# 1부

마디 없는 생이 있으랴

# 돋아라, 싹

생명을 키우고 있는

깨진 그릇


황량한 내 안에도

실낱 목숨 꿈틀댄다

# 하루를 견디는 힘

달빛 받으며

불 밝힌 집으로


돌아가는 일

# 4월

바람이 분다

연초록에 응원을 보낸다


세상 잘 이길 수 있도록

# 그날

어린 초록도 눈물을 매달았다

결코, 잊어서는 안 되는


이천십사 년 봄날

# 아직, 꽃

잠시 바닥에 내려앉은

너도,

나도,

# 외로운 자리

무수한 초록이 응원을 보내고 있네요

세상 잘 견뎌낼 것입니다

# 광대싸리

어깨 휘청거려도

살아 있어 받는 무게

기쁨으로 안는

# 포스트 코로나 시대

버티어주는 달팽이가 고맙다

놓치지 않으려는 느러진장대\*가 빛이 난다

\* 쌍떡잎식물 양귀비목 겨자과의 두해살이풀

# 마디 없는 생이 있으랴

속도 조절 당한 저 아픈 자리를 보라

견디고 이겨내 더 단단하게 자라난 곧은 몸체

통증

한 생이 가고 껍데기만 남았다

무엇을 남기려 했는지

무엇을 채우고 있었는지 말이 없다

# 노송老松

살아가는 길

굴곡지더라도


아파하지 마라


가닿는 세상 모두 한곳

느리지만 아름답게

# 성장 일기

가슴에 맺혀 있는

수많은 저 눈물


나를 키워 준

# 어머니

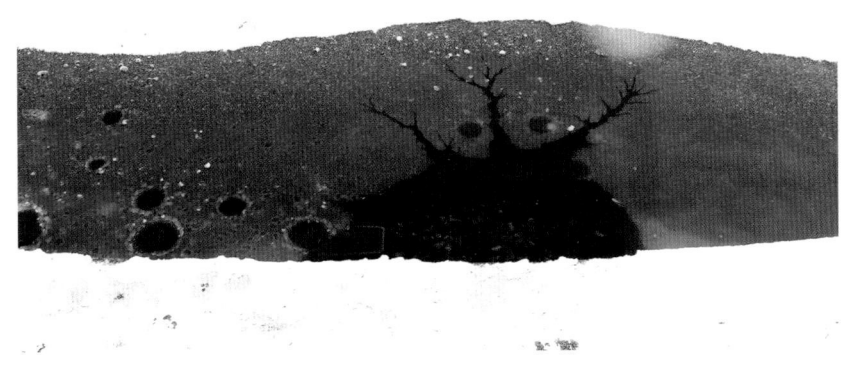

흐려져 가는 기억 속에 나무가 자라고 있다

어느 순간 잎이 돋고 꽃도 필 것이다

# 2부

꽃처럼 살기

# 복수초

인고의 세월 뚫고

돋아난 목숨

황금잔을 들었다

# 꽃의 세상

몸을 낮출수록

너의 세상은 아름답다


우리 사는 일도 그러할까

# 사회적 거리두기 2.5단계

5인 이상 사적 모임 금지

대가족은 어디를 가나

세상의 눈치를 보게 되는

# 청노루귀

자식을 맡기며 돌아서는

어머니의 심정


너를 두고 오며 알았다


오십 년 응어리진 어린 마음

후회로 얼룩진 봄날

# 지금, 최고의 순간

찢긴 가슴으로 무얼 믿고

저리 활짝 피었는가

# 모란의 계절

치명적인 향기

누구도 범접할 수 없는


잊고 있던 세포

일으켜 세우는

# 등燈

당신 마음속

환하게 피어


꺼져 가는 세월 밝혀

든든한 길이 되고 싶은

# 꽃처럼 살기

비우고 비워낸

마음의 여백


너 같은 삶 하나

피울 수만 있다면

# 생과 사

공존하기에

더 고귀한


아등바등하더라도

피어 있는 삶이기를

공생

빛이 되기도 하고

빛이 되기도 하는


서로의 관계로 돌아가는 세상

서로를 위해 꽃은 피고 진다

# DNA

한 생이 한 생으로 건네준

도망칠 수 없는 사슬


운명을 투영하는

# 詩의 말

내 마음과 네 마음이

다르다는 것을 알았으면 해


아무리 꽉 잡고 있어도

내 마음은 쉽게 향하지 않아


마음 다치지 않길 바라

그곳에 한 사람의 꿈이 있었네

천리포수목원 9월 곳곳에 숨겨진 붉은 숨결

이방인*이 사랑한 땅 석산은 피었네

떠나도 떠나지 못한 그리움 남겨둔 이여

\* 민병갈 박사

# 3부

## 마음 읽기

# 너의 편지

내 마음에 숲을 이룬 이 누구인가

꽃잎 엽서 총총 띄우는 이 누구인가

# 물로 지은 집

물 위에 떠 있던

물이 지은

물이 낳은

어머니 품 막 빠져나온

온전한 몸 한 채

# 불국정토

발 하나만 내디디면

또 다른 세상


햇살마음 경계를 허문다

탄생

경이로운 너와의 첫 만남

아픔도 잊고

걱정도 잊고

# 마음 읽기

연잎에도 눈물이 있다는 것을 알았다

눈물도 꽃을 피운다는 것을 알았다

인생

덩그러니 혼자인 것 같아도

둘러보면 세상은 온통 초록빛

# 춤추는 강아지

우울함이 몰려올 때 고개를 들어 하늘을 보라

구름도 빛을 받으며 강아지가 되어 춤을 춘다

살아 있는 모든 것은 움직일 때 아름답다

# 내 삶의 층계는 어디쯤일까

꼭대기로 오르기 위해 숨을 헐떡인다

끝자락에 서서 내려다보면 어떤 세상일까

층층이 밟고 올라선 희생조차 아름다울까

포토존

유명해지는 것은 가슴 한복판

큰길 하나 내주는 일이다

밟히고 밟혀도 웃어 주는 일이다

# 돌을 얹는 마음

어딘들 어떠랴

진정이 있다면

# 늦가을

하강하는 나뭇잎 하나

툭, 던지는 한마디

세상은 모두 순간이라고

# 너와의 만남

끊을 수 없는 고리라면

저 둥근 품 안으로

끌어안을 수밖에 없는

# 바다의 자궁

길게 탯줄 하나로 연결된

솜털 목숨 키워낸 곳


이제는 함께 지켜 내야 할

# 4부

## 행복論

비상

저것 봐 날개를 펴고 있잖아

어른이라는 감옥으로부터

갇힌 새 떠날 준비를 하잖아

이젠 가슴을 열어

세상에 놓아줄 차례야

# 산다는 것

개미 한 마리

벼랑을 기어오른다

더는 버틸 곳 없어

꽃 같은 날

발아래 버려두고

# 육십갑자

애써 지나온 수많은 날

이제 날아오를 일만 남았다

# 숟가락 경전

삶에도 선택의 기회는 온다

어느 것을 잡을지는

각자의 몫이다

# 線의 사용학

한 줄 고요 속에

침묵하고 있는 발톱


선을 넘지 않으면

어떤 관계에서도

드러내지 못할 것이다

# 행복論

지금 삶이 기울어져 있더라도

바로 서게 될 날 믿으며

나만을 위한 조명등 하나 켜 두길

# 아름다운 그늘

바람과 햇볕과 사투를 벌이는 시간

자신을 지우며 치열하게 키워온


누군가의 빛이 되어 주는

깊어질 대로 깊어져 있는

홍등

내 삶 언제 저리 붉고 환한 등

다닥다닥 내걸어 본 적이 있던가

# 관계를 위하여

허물은 덮어 주는 것이라며

모자람은 채워 주는 것이라며


담쟁이덩굴 세상을 향해

온몸으로 시위 중이다

# 비경祕境

먼 길을 걸어 왔을

스스로 아픔을 이겨 낸

상처로 피운 꽃

# 평행이론

천 년 후의 내가

천 년 전의 너를 만나

황금 해가 뜬

미래를 엿보는

# 독백

경계를 지키는 일은

서로를 지켜 주는 것


한 발 더 다가가고 싶을 때

물러나 바라보는 일도 사랑

# 피뢰침

수직의 간절함

천둥 번개로부터


生을 지켜줄 것이다

■《뉴스N제주》신춘문예 디카시 부문 당선작

## 늦가을

하강하는 나뭇잎 하나

툭, 던지는 한마디

세상은 모두 순간이라고

■ 신춘문예 당선 소감 _ 박주영

 순간 포착된 사물을 렌즈에 담고 그것이 함의하는 이미지를 문자화시켜서 실시간 SNS로 소통할 수 있는 '디카시'라는 새로운 문학 장르를 만난 것은 저에게 행운입니다.

 십 년 넘게 찍어온 사진 작업 폴더를 열어 보면 영상은 남았으나 그때의 시적 감흥을 기억해 내기가 쉽지 않았는데 지금 생각해 보니 그때는 디카시의 개념 자체를 몰랐기 때문이었습니다. 이제 극 순간의 영상과 문자가 한 덩어리인 디카시는 제 문학 인생에서 새로운 도전으로 다가옵니다.

 처음 당선이라는 통보를 받았을 때는 믿기질 않아 오히려 담담했습니다. 시간이 지나갈수록 책임감에 어깨가 무거워집니다. 부끄러움도 앞서고요.

 아직은 디카시에 대해 많이 알지 못합니다. 남들보다 더 열심히 공부하고 노력해야겠지만, 일상에서 만나는 모든 순간이 눈으로 읽는 시로 탄생할 수 있다는 생각에 벌써 흥분되고, 설렘으로 다가옵니다.

그동안 피해 왔던 어두운 순간도 조금이나마 디카시로 담아낼 용기가 생겼습니다. 주위의 속울음 우는 아픈 순간도 이제는 외면하지 않겠습니다.

자리 만들어주신 뉴스N제주와 부족한 작품 뽑아주신 심사위원 선생님께 머리 숙여 깊은 감사를 드립니다. 누가 되지 않도록 열심히 정진하겠습니다.

이 십여 년 문학이라는 같은 곳을 바라보며 함께 걸어온 동서문학회, 시문회 문우님들께도 기쁨과 고마움을 전하고 싶고, '늦가을'풍경을 순간포착 할 기회를 주신 한국식물연구회 선생님들께도 감사함을 전합니다.

사랑병 앓고 계시는 친정어머니 마음 깊이 사랑합니다. 곁에서 손발이 되어주는 올케언니 정말 고맙고, 미안하고 사랑합니다. 늘 따뜻한 위로가 되어주는 남편과 어느새 자라서 힘이 되어 주는 아들 관표에게 이 기쁨과 행복을 몽땅 퍼주고 싶습니다.

⟨약력⟩

필명 박주영 (본명 박성환)
1961년 경북 경주 출생
1996년 제3회 삶의향기 동서문학상 시 부문 입상
1999년 제4회 하나·네띠앙 여성 글마을 잔치 시 부문 입상
2000년 제1회 시흥문학상 시 부문 입상

■ 신춘문예 심사평

# 디카시의 극 순간 예술성 잘 드러나

이상옥

 디카시는 극 순간 예술이다. 디카시는 스마트폰 내장 디카로 자연이나 사물에서 시적 형상을 순간 포착하고 그 느낌이 날아가기 전에 짧게 언술하여 영상과 문자가 한 덩어리의 시로 실시간 SNS로 소통하는 디지털시대의 최적화된 새로운 시 장르다.

 '뉴스N제주'와 '시를사랑하는사람들 전국모임', '한국디카시연구소'가 공동주최한 이번 신춘문예에서 디카시 부문의 신춘문예 공모를 한 것은 기념비적 이벤트라 할 것이다. 그간 디카시 공모전, 디카시 신인문학상 등 다양한 형식의 공모전은 있었지만 신문사에서 주관하는 디카시 신춘문예는 최초의 일이다.

 이번 2416편의 응모작 중 본심에 올라온 40편 중 한성운의 디카시 〈천국의 계단〉과 박주영의 디카시

〈늦가을〉 두 편을 두고 논의를 거듭한 끝에 디카시의 극 순간 예술성을 잘 드러낸 〈늦가을〉을 당선작으로 결정하는데 이견이 없었다.

당선작 〈늦가을〉은 나뭇잎 하나를 두고 세상 모두가 순간이라는 다소 관습적 언술로 귀결되는 듯하지만 영상과 언술이 결합하여 보편적 상징으로 상승작용을 일으키며 그 피상성을 극복해 내고 있다.

〈늦가을〉은 문자 시와의 차별성을 드러내는 미의식을 보이고 있다는 점에서 신춘문예 첫 당선작으로 손색이 없음을 밝혀두며 첫 당선자에게 축하드리고 응모자 여러분께 감사의 마음을 전한다. (글_이상옥)


본심 : 김종회 한국디카시인협회장, 이상옥 한국디카시연구소 대표
예심 : 이어산 시인, 장한라 시인

■ 시집해설

# 고단한 삶에 보내는 디카시의 푸르른 메시지
−시인 박주영의 디카시 창작 방법을 중심으로

복효근

 디카시가 대세다. 디지털 사진과 결합된 언어 표현이 시의 한 형태로 자리 잡기 시작한 디카시가 대중적인 인기 속에 활발하게 꽃피우고 있음을 목도하게 된다. 여러 가지 요인이 있겠으나 우선은 디지털카메라의 대중적인 보급의 영향이 크다. 촬영기능만을 가진 카메라가 아니어도 아예 스마트폰에 내장된 디지털카메라가 뛰어난 성능을 발휘하고 있기 때문에 누구나가 언제 어디서나 스마트폰만으로 촬영이 가능한 시대가 되었다. 인증샷이라는 것도 있고 기념촬영이라는 것도 있고 기록을 목적으로 찍기도 하지만, 거기에 그치지 않고 대중들은 예술적 안목을 카메라에 담는 것을 즐겨한다. 여기에 언어적 진술이 결합하여'디카시'라는 형태의 시적 장르가 선을 보이자 미적인 표현 욕구에 목말랐던 대중들이 그 돌파구를 찾은 것 아닌가 한다. 스마트폰 사용의 일반화로 디카시가 대중화될 요소를 애초부터 충분히 가지고 있었다는 말이 되겠다. 물론 여기에 미학적 이론을 제공하고 그 전범을 보인 연구자들과 시인들의 선구자적인 노력이 있었음은 물론이다.

예술적 표현 욕구에 의해서 사진을 찍는다고 해도 디카시에서 요구되는 사진은 일반적인 사진예술과는 다른 동기에서 비롯된다. 예술사진은 사진 그 자체만으로 미학적 아우라를 가지고 인간의 미감을 충족시켜야 한다. 그러나 디카시에서의 사진은 반드시 시적 모티프를 담고 있어야 한다. 사진과 결합된 언어 표현과 마찬가지로 사진은 디카시의 한 부분을 담당해야 하기 때문이다. 작품으로서의 사진이 가져야 할 완벽한 예술성이 디카시에 와서는 반드시 디카시로서의 성공을 담보하진 않는다. 디카시에서의 사진은 충분조건이 아니라 필요조건이라고 하겠다. 즉 사진 그 자체가 예술작품으로 성공적일 필요는 없다는 뜻이기도 하다. 구도나 색상, 밝기, 채도 같은 것이 시적 모티프와 관련이 없다면 굳이 이 모든 것을 다 충족시키지 않아도 될 것이다. 피사체의 그 어떤 것이 시적 모티프로 포착되면 된다는 것이다.

이것이 언어 표현과 유기적으로 융합되어 사진만으로도 아닌, 언어 표현만으로도 아닌 또 다른 아우라를 가진 디카시가 되는 것이다. 이러한 측면이 또한 대중이 디카시 창작에 어렵지 않게 접근할 수 있는 한 요소이기도 하다.

그러나 이 경우, 사진이 예술적 요소를 가질 필요가 없다는 뜻으로 이해해서는 안 된다. 사진을 디카시에 반영한다 했을 때 피사체의 시적 모티프를 어떻게 효과적으로 드러내느냐 하는 대목에 사진의 미학적 방법론이 필요하다. 사진 그 자체로 자족적인 예술성을 지니기보다는 시적 모티프를 드러내는 데 그 방법적 예술성이 필요하다는 말이다. 평소 자신의 미적 감각을 사진을 통해, 자신의 의도에 맞게 예술적으로 드러내는 데 익숙한 사람이라면, 피사체에서 발견한 시적 모티프를 표현하고자 하는 언어 진술에 부합하게 포착해낼 수 있다는 말이다. 이렇게 포착된 사진이 적절한 언어 표현을 만났을 때, 그 디카시가 뛰어난 아우라를 빚어낼 것이라는 점은 예측할 수 있다.

박주영 시인의 경우가 그러했다. 박주영 시인의 디카시 원고를 보면서 시인이 평소에 사진을 통해 그의 미적 감각을 세련되게 표현해왔음을, 말하자면 사진에 뛰어난 조예를 갖고 있었음을 알 수 있었다. 그런 그가 시적인 요소를 피사체 속에서 포착하여 효과적으로 사진에 담아내는 능력을 갖추고 있는 것은 당연한지도 모른다. 시적 모티프를 한 컷 한 컷 매우 적절하게 사진 속에 담고 있으며 그것을 적절한 언어 표현과 융합하여 훌륭한 디카시로 빚어내고 있음을 본다.

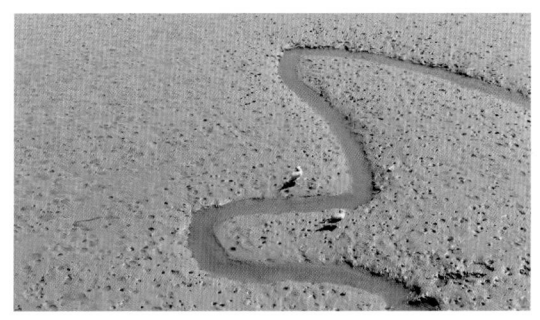

경계를 지키는 일은
서로를 지켜 주는 것

한 발 더 다가가고 싶을 때
물러나 바라보는 일도 사랑

_「독백」 전문

갯벌에 갈매기 두 마리가 앉아있는 풍경이다. 어찌

보면 피사체가 주는 감흥은 평범하고 밋밋하다. 그러나 시인의 눈엔 평범하지 않다. 굴곡을 그리며 흘러가는 물길을 사이에 두고 두 마리는 나뉘어 서로 다른 방향을 보고 있다. 한 쌍인 듯 보이는 갈매기가 경계를 사이에 두고 서로 다른 방향을 보는 것에서 시인의 뇌리에 사랑의 또 다른 모습이 비춰진 것이다. 사랑이라 하면 둘이서 하나가 되는 것이라 생각하고 모든 것을 공유하고 함께하는 것이라 생각하는 게 일반적이다. 그것이 틀린 말이라는 뜻이 아니다. 그러나 그런 것만이 사랑일까 하는 회의에서 출발하여 시인은 사랑에 대한 또 다른 정의를 내려보는 것이다.

피사체가 주는 시적 모티프를 이만큼 적절하게 포착하기 어렵다. 굴곡진 인생의 행로를 상징하듯 구불구불 물길이 흘러가면서 두 마리 새의 경계를 이룬다. 너른 갯벌은 삶과 사랑이 그만큼 고독하고 때론 막막하다는 것을 말해 주는 듯하다. 사진의 구도가 어떠해야 그걸 보는 사람이 어떤 느낌을 갖게 되는가에 대하여 사진 예술가로서의 안목이 두드러지게 드러나는 대목이다. 보통 사람 같으면 흔히 새 두 마리가 다른 방향을 보고 있는 점에, 혹은 그사이를 가르는 물길에 집중하여 그곳을 클로즈업했을지도 모른다. 하지만 시인은 그렇게 하지 않았다. 갯벌을 넓게 잡았다. 이 점이 사진예술 작업을 오래 진행해 왔던 시인이 남과 다른 점이다.

사진이 순간 포착의 예술이라고 하지만 긴 시간 수많은 관찰과 훈련을 통해 길러진 직관의 힘에 의해 이 순간의 포착은 가능한 것이다. 그리고 시적 사유가 함께 했을 것이다. 시인은 사진을 찍으면서 동시에 뇌리에 일어나는 느낌과 감흥과 사유를 언어적으로 표현하는 데 골몰했으리라. 일반적인 사진예술과는 다른 고민이다. 사진 그 자체로 완결성을 지니는 대신 언어 표현의 도움을 받아 완성되는 융합적 예술(디카시)이 배태되는 지점이다. 그러자면 사진이 시적 모티프를 포함할 수 있게 포착되었어야 한다. 사진이 먼저냐 시적 사유가 먼저냐 하는 것은 우문이다. 작업의 선후는 얘기할 수 있으나 사진과 시적 사유는 거의 동시적으로 이루어진다. 이때 시적 사유는 긴 언어 진술을 필요로 하지 않는다. 사진이 말해 주고 있는 부분이 있기 때문에 언어 표현은 간결하게 해야 한다.

'사랑하는 한 쌍일 텐데 두 마리가 일정한 거리를 두고 다른 곳을 바라보고 있네.' 이 장면을 보면서 시인은 카메라를 향했을 테고 사랑의 또 다른 모습을 사유하면서 압축적인 언어 표현으로 이와 같은 시를 썼을 것이다. 순간적이고 단편적인 풍경이 사진으로 포착되고 언어 표현과 함께함으로써 한 편의 디카시는 상징적 의미를 지니고 보편성을 획득하는 것이다. 박주영 시인의 작품은 이와 같은 디카시 창작 과정과 방법을 압축적으로 보여준다고 하겠다.

애써 지나온 수많은 날
이제 날아오를 일만 남았다

_「육십갑자」 전문

시가 시인에게 다가오는 시점이 있다. 마음속에 머릿속에 맴돌던 생각이나 평소에 갖고 있던 인생관, 사상과 의식, 그만의 개성적인 감정들이 어느 순간 그것을 표현해 줄 수 있는 구체적 사물과 사건을 만나는 시점이다. 그 구체적 사물과 사건을 객관적 상관물이라 한다. 시인은 60을 맞이하면서 그동안 힘겹게 그러나 뚜벅뚜벅 걸어온 지난 삶을 돌아보았을 것이다. 때로는 구차한 일을 해야만 하기도 하고 남우세스러운 일도 할 때도 없지 않았을 터이고 또 비굴하게 보이는 언사를 했을 수도 있다. 육십갑자까지 돌아오기까지 어찌 순탄한 길만 있었겠는가? 그런데 이제 육십갑자를 넘긴 시점이다. 이제 밥 벌어먹고살기 위하여 지상에 발을 딛고 살았던 시간을 벗어나 마음껏 자유를 구가하고 싶은 마음이 들었을 것이다. 그런데 어느 봄날 카메라를 들고 길을 나서는데 발아래 민들레 씨앗이 잘 여물어 바람에 하나둘 씨앗을 날려 보내고 있다. 이 발견이 그야말로 객관적 상관물을 만나는 시점이다.

 민들레 씨앗을 만났다 하더라도 평소 시인이 그러한 생각을 하지 못(안)했다면 또 다른 의미로 다가왔거나 별다른 의미를 주지 못했을 것이다. 시인의 사유를 구체적으로 형상화할 수 있는 사진(시적 모티프)이 확보되는 순간이기도 하다. 이제 간결한 메타포나 상징, 함축된 언어로 시적 사유를 표현하면 된다. 한 인간의 과거와 미래가 짧은 이 한 편의 디카시에 오롯이 담겨있다.

내 마음에 숲을 이룬 이 누구인가
꽃잎 엽서 총총 띄우는 이 누구인가

_「너의 편지」 전문

　잔잔한 물결에 연녹색 숲이 점묘화처럼 비치고 꽃잎 같은 수련잎이 점점이 떠있다. 아름답고 한가로운 풍경이다. 햇살도 부드럽고 바람결도 애무하듯 살갑다. 그런 순간 무어라고 규정하기 어려운 그리움이 떠오르고 어느 먼 곳에서 그리운 이의 소식이 들려올 것만도 같다. 그런데 만약 저 숲을 물에 비친 모습이 아니라 똑바로 찍었다고 하자. 더 아름답거나 또 다른 풍경을 연출했을 수도 있었겠지만 아련히 마음에 떠오르는 그리움이라든지 예쁜 엽서라도 올 것만 같은 설렘을 어떻게 표현할까? 잔물결이 이는 수면은 내 마음을 비유하기에 매우 적절하다. 선명하진 않지만 그래서 오히려 아른아른 수면에 일렁이는 숲 그림자가 그리움을 자극하기에 딱 알맞다.

 작품 사진으로서도 손색이 없다. 하지만 사진과 결합된 언어 표현을 보면 사진이 이미 시적 모티프를 품고 있었음을 알게 된다. 아니, 더 정확하게 말하면, 그 모티프를 붙잡기 위하여 수면에 비친 숲을 찍었을 것이다. 그것을 보며 그리운 이를 떠올리고 꽃잎 엽서를 보내온 그 누구를 떠올린다. 단 2행의 문장으로 그리움과 설렘이라는 시적 감흥을 함축하고 있다. 사진과 언어의 절묘한 융합이 아닐 수 없다.

빛이 되기도 하고
빛이 되기도 하는

서로의 관계로 돌아가는 세상
서로를 위해 꽃은 피고 진다

_「공생」 전문

시인은 아마 야생화를 찾아다니며 많은 사진 작업을 했지 싶다. 이번 시집에 야생화와 관련된 작품이 많은 걸로 충분히 짐작이 가능하다. 야생화의 아름다운 자태만으로 훌륭한 작품 사진을 만들어낼 수 있을 것이다. 그러나 앞서 밝혔듯이 시적 모티프가 효과적으로 드러나지 않았다면 여기에 쓰인 사진은 아무리 아름다워도 디카시의 한 요소로서는 부족하다. 이 사진이 언어 표현 부분과 결합된 걸 보았을 때, 즉 완성된 디카시를 보았을 때 사진이 의도한 것이 무엇인지 분명해진다. 물매화꽃을 찾은 개미 한 마리다. 만약 예술사진을 찍고자 했다면 이 사진은 아마도 이것과는 다른 모습이었을 것이다.

개미는 물매화에서 꽃밥과 꿀을 얻어갈 것이다. 그런가 하면 다리에 몸통에 꽃가루를 묻혀서 다른 꽃에 옮겨줄 것이다. 벌 나비와 같은 역할을 하고 있는 것이다. 꽃은 꽃가루와 꿀을 내어주는 대신 종족을 번식할 수 있다. 서로가 서로에게 빚을 지기도 하고 빚이 되어주는 관계, 즉 공생이고 상생의 관계인 것이다. 바로 이 사유를 가지고 사진을 찍었기 때문에 꽃은 클로즈업되어있고 작은 개미도 크게 보이는 것이다. 시적 사유를 효과적으로 표현하기 위한 사진 기법이 사용되었고 이 점이 사진 작업을 해왔던 시인을 매우 유리한 자리에 서게 한 것이다. 다시 말하면 사진이 디카시의 창작 측면에서 매우 훌륭하고 그와 결합한 적절하고 함축적인 언어 표현으로 빼어난 디카시가 빚어졌다는 말이다.

이 작품에서 보듯이 여러 디카시 작품에서 박주영 시인은 포착된 피사체를 통해 삶과 자연 그리고 우리 사회에 대한 통찰을 그려내고 있다. 가령, 「늦가을」이라는 작품을 보면, 떨어지는 노란 나뭇잎을 포착하여, "하강하는 나뭇잎 하나/ 툭, 던지는 한마디/ 세상은 모두 순간이라고" 노래한다. 땅에 온전히 내려앉지 않고 낙하 중인 낙엽을 포착하기란 쉽지 않다. 이미 내려 앉아있는 낙엽과 함께 제시된 이 장면을 통해 삶의 찰나성, 생명의 유한성을 그려낸다. 거기에 그치지 않고, 그렇기 때문에 더욱 살아있음이 더욱 아름답고 가치 있음을 그려 보여주고 있다.

같은 맥락에서 '속새'라는 식물의 사진을 보여주는 디카시 작품을 보자. 곧게 자란 줄기에 맺힌 까만 마디를 보여주면서 시인은 "속도 조절 당한 저 아픈 자리를 보라/ 견디고 이겨내 더 단단하게 자라난 곧은 몸체"라고 노래한다. 밋밋하고 매끄럽게 직선으로 자란 줄기가 아니라 매듭처럼 마디가 진 줄기가 더욱 단단하고 곧다고 말한다. 살아가면서 얻은 수많은 상처와 아픔이 우리의 삶을 곧게 그리고 단단하게 할 것이라는 통찰을 담고 있다.

어린 초록도 눈물을 매달았다
결코, 잊어서는 안 되는

이천십사 년 봄날

_「그날」 전문

 시인의 카메라 렌즈는 반투명하게 비친 유리창에 초점을 맞추었다. 아마도 봄날 창밖에 내리는 비가 유리창에 물방울 흔적을 남긴 것 같다. 일견 단순하고 밋밋한 사진인데 이 사진은 우리에게 씻을 수 없는 슬픔을 안겨 준 세월호 사건과 연결된다.
 사진은 마치 선실 안에서 바라보는, 비 내려 흐릿

한 세상 풍경 같기도 하다. 인용한 디카시의 언어 표현이 사진을 그렇게 읽도록 하는 것이다. 위 사진은 실제 세월호 선실의 창이 아니다. 구체적인 장면을 실제에 가깝게 찍은 사진보다 이 사진은 반추상적이며 상징적으로 포착되어 마음에 어떤 큰 울림을 불러일으킨다. 실제의 상황 장면이 아닌데도 마치 비 오는 바다에 침몰해간 세월호를 연상하도록 만든다. 그날도 비 오는 창 너머엔 봄이 오고 있고 초록 세계가 펼쳐지고 있었다. 그러나 알다시피 되돌릴 수 없는 참사로 온 세상이 눈물에 젖게 만들고 말았다. 빗물의 흔적이 눈물로 해석될 수 있는 부분이다. 이 디카시는 그러니까 사진언어와 문자언어 두 가지 언어가 상호작용하여 의미를 빚어내는 것이라 할 수 있다. 사진만으로도 안 되고 언어 표현만으로도 안 되는, 두 개의 영역이 융합하고 상호작용하여 제3의 의미와 미적 정서를 만들어내는 방식이라 하겠다.

단순하다고 할 수 있는 한 장면이 시사적인 의미를 가진 한 편의 디카시로 창작되는 것을 보았다. 디카시가 누구나 접근할 수 있는 표현 매체가 될 수 있음은 물론이지만 그렇다고 아무렇게나 쉽게 접근하기 어려운 영역임을 말해 주고 있는 듯하다. 이 한 장의 사진과 결합된 짧은 언어 표현이 온 세상을 경악하게 하고 눈물로 젖게 했던 역사적 사건을 상징하는 디카시로서 부족함이 없다. 디카시의 새로운 가능성을 열어 보이고 있는 작품이라 할 수 있겠다.

생명을 키우고 있는
깨진 그릇

황량한 내 안에도
실낱 목숨 꿈틀댄다

_「돋아라, 싹」 전문

박주영 시인의 디카시에서 사진은 이미 큰 시적인 울림을 담고 있다. 언어화되기 이전의 사진이 몇 마디 언어를 기다리며 피사체가 어떤 비의(秘義)를 내비치고 있는 것이다. 깨어진 그릇이 흙을 담고 있는 사진이다. 한때는 인간의 생명을 이어가게 해주는 음식이 담겨있었으나 이제는 작은 식물의 생명을 이어주고 있다. 밥그릇이었음직한 깨어진 그릇에는 작은 다육식물이 여린 목숨을 거기에 의지하고 있다. 사실 이 부분은 사진이 이미 말해 주고 있기 때문에 사진 뒤에 이어지는 언어 표현으로 다시 언급될 필요가 없는 부분이긴 하다. 과도하게 시인이 친절하게 사진을 그대로 언어화해서 말해 주고 있는 부분으로서 이 작품에서 첫 연은 빼도 무방하지 않을까 싶기도 하다. 그러나 깨어진 그릇이 생명을 품고 있다는 발견의 놀라움이 시인에게 큰 울림으로 다가왔음을 강조하고 싶은 것이리라.

 렌즈로 포착된 피사체가 시인의 마음에 일으킨 반향이 이 시의 주된 메시지이다. 저 깨어진 그릇에서도 꿈틀대며 일어서려 하는데 하물며 인간인 내가 이리 무기력하게 내 생명을 돌보지 않아서 되겠는가 하는 반성적 사고가 싹튼 것이다. 디카시라는 하나의 시적 표현 양식이, 순간 한 장면을 포착하게 하고 그 순간 속에 내려치는 죽비 같은 울림을 담아내게 하였다. 새삼 디카시의 힘을 느끼게 하는 작품이 아닐 수 없다.

 이 작품과 같이 피사체에 비친 자신을 성찰하는 시인의 작품이 적지 않다. 가령 「홍등」에서는 겨울날

주렁주렁 열린 감나무의 감을 두고 '홍등'에 비유하며 "내 삶 언제 저리 붉고 환한 등/다닥다닥 내걸어 본 적이 있던가" 하고 쓰고 있다. 누군가를 환하게 밝혀주지 못한, 소시민적인 삶에 대한 반성적 사유가 담겨있는 것이다.

 박주영 시인은, 디카시로 자신을 성찰하거나 자아의 내면적 풍경을 그리고자 할 때도, 사진으로 하여금 비유와 상징과 유추의 기능을 담당하게 한다. 그럼으로써 시적 표현의 품격을 높이고 있으며 독자와의 소통을 자연스럽게 한다. 이러한 방법을 통해 시인은 이번 시집에서 사진을 내면을 비춰주는 매개체로 삼아 자아를 깊숙이 들여다보는 작업을 펼치고 있음을 본다.

버티어주는 달팽이가 고맙다
놓치지 않으려는 느러진장대*가 빛이 난다

*쌍떡잎식물 양귀비목 겨자과의 두해살이풀
　「포스트 코로나 시대」 전문


　아웃포커싱 기법으로 피사체의 배경을 흐릿하게 하고 피사체만 부각시켜 느러진장대에 매달린 달팽이를 포착하였다. 달팽이가 가느다란 식물 줄기에 위태롭게 매달려 있다. 떨어지지 않으려 안간힘을 쓰는 모습이다. 허공이다. 떨어지면 저 연약한 껍질은 깨져버릴지도 모른다. 그야말로 위기일발의 순간이다. 그런데 이 장면을 '느러진장대' 라는 식물이 달팽이를 놓치지 않으려 하는 것으로 그려낸다. 물론 시인의 시적인 해석이다. 그런 장면을 두고 시인은 「포스트 코로나 시대」 라고 명명한다. 코로나 팬데믹의 긴 터널을 지나면서 많은 사람이 위기에 처해있다. 팬데믹 이후에도 그 후유증이 만만치 않을 것이다. 사회적 약자일수록 그 어려움이 클 것이다. 저 달팽이가 떨어지지 않게 놓치지 않으려는 느러진장대처럼 포스트 코로나 시대에 사회적 약자들을 보듬고 함께 가야 하지 않을까? 시인은 매달린 달팽이와 그를 붙잡고 있는 느러진장대 사진으로 우리 사회가 지향해야 할 방향을 보여주고 싶은 것이다. 짧은 디카시 한 편이 갖고 있는 힘이 이런 것이다. 고단한 삶에 보내는 푸른 응원의 메시지라 할 것이다. 잘 빚어진 디카시 한 편의 힘이 결코 작다고 하지 못할 것이다.

 박주영 시인은 디카시를 통해 자신과 우리의 내면을 성찰하고 있으며 삶과 자연과 우리 사회의 깊은 곳을 통찰하고 있다. 약자와 상처받은 자를 응원하고 있다. 시인은 오래 연마한 사진예술의 기법을 통해 피사체의 시적 모티프를 효과적으로 순간 포착하여, 적절한 비유와 상징으로 언어화함으로써 빼어난 디카시를 빚어내고 있다. 우리 디카시가 매우 깊고 높은 곳에 이르렀음을 박주영 시인의 작품을 통해 확인하게 되었다. 계속 정진하여 디카시의 새로운 지평을 열어갈 것을 의심치 않는다.